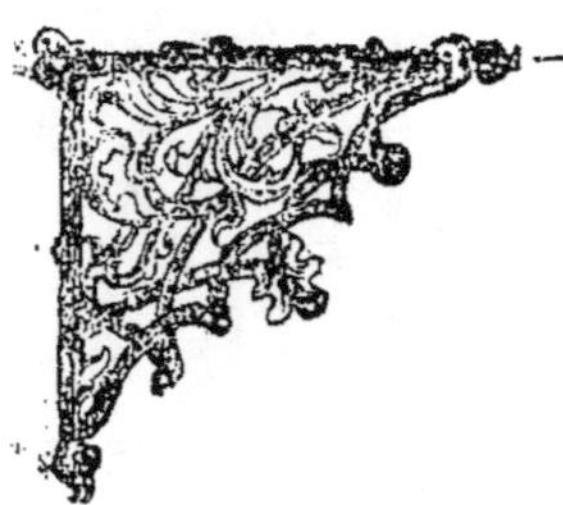

PREMIÈRE LETTRE

A M. le Maréchal Bugeaud, Duc d'Isly,

GOUVERNEUR-GÉNÉRAL DE L'ALGÉRIE,

par le baron de Vialar.

SE VEND AU PROFIT DES ORPHELINES,

chez tous les libraires d'Alger.

PRIX : 50 CENTIMES.

ALGER

IMPRIMERIE DE A. BOURGET, RUE SAINTE, 1.

Septembre 1846.

PREMIÈRE LETTRE

A M. LE MARÉCHAL BUGEAUD,

duc d'Isly,

Gouverneur-Général de l'Algérie.

Première Lettre

A M. LE MARÉCHAL BUGEAUD,

DUC D'ISLY,

GOUVERNEUR-GÉNÉRAL DE L'ALGÉRIE,

par le baron de Vialar.

SE VEND AU PROFIT DES ORPHELINES,

Chez tous les libraires d'Alger.

PRIX : 50 CENTIMES.

ALGER

IMPRIMERIE DE A. BOURGET, RUE SAINTE, N.º 1.

Septembre 1846.

Vialar-le-Khadra, le 3 septembre 1846.

Monsieur le Maréchal,

Des dissidences d'opinion sur l'utilité des institutions civiles en Algérie et sur les divers modes de colonisation, n'ont jamais altéré en moi la reconnaissance que vous doivent tous les Français qui ont attaché leur existence et leur fortune à l'existence de la domination française et à sa fortune dans cette contrée. Sans adopter toutes vos vues, contrarié et peiné parfois de ce que vous n'attachiez pas à la colonisation civile, qui est ma carrière, toute l'importance que j'y attache moi-même, je n'ai jamais cessé d'apprécier les hautes qualités de votre esprit, la rectitude de vos jugements et les sentiments de droiture et de bonté qui les inspirent.

C'est avec ce juste respect pour votre caractère et avec la confiance que nous donnent vos glorieux services, que, dans les circonstances graves où se trouve l'Algérie, je crois devoir m'adresser publiquement à vous. Je viens vous adjurer d'employer votre haute influence pour obtenir le retrait des mesures iniques et désastreuses qui menacent ce pays d'une catastrophe prochaine et qui compromettent son avenir.

Quoique le but de cet écrit ne soit pas de vous plaire ou de vous servir, j'aime à penser que mes premiers mots contribueront à rectifier une fausse opinion qui se propage contre vous, savoir : que vous avez pris part à l'ordonnance du 1er octobre 1844 et que vous approuvez celle du 21 juillet dernier.

Certes, ce n'est pas d'Alger que peut provenir une semblable pensée. Il ne faut pas avoir habité cette contrée pour ignorer que vous, la magistrature et les autres autorités locales avez réclamé contre les dispositions de la première de ces ordonnances.

Un écrit publié il y a peu de mois à Alger, sans nom d'auteur, sous le titre de : *Quelques Réflexions sur trois questions fondamentales de notre établissement en Algérie*, et qui n'est désigné dans cette ville que sous le nom de *la dernière brochure du maréchal Bugeaud* ; cet écrit très-remarquable sort évidemment de votre plume.

Il répète ce que nous vous avons entendu dire si souvent, en particulier et en public, à vous à qui on ne reprochera pas de n'être ni accessible, ni explicite.

L'ordonnance du 1er octobre 1844 n'est pas nommée dans votre écrit, mais les objections les plus fortes qu'on puisse faire contre cette mesure draconienne (et l'ordonnance du 21 juillet dernier ne fait qu'en accroître la dûreté et l'iniquité), ces objections se déduisent des observations et des faits que vous exposez avec une justesse et une vérité senties surtout par ceux qui ont ici mis le plus la main à l'œuvre.

Sans doute, Monsieur le Maréchal, nous ne sommes pas d'accord sur tous les points ; soit sur la part trop grande que vous assignez à l'armée dans l'œuvre directe de la colonisation, soit sur le peu de confiance que vous exprimez sur les travaux des propriétaires qui dirigent leur exploitation et emploient des capitaux importants à mettre leurs terres en valeur, unissent leur expérience, les avantages de l'instruction, l'amour de la création aux bras des ouvriers pour arriver à un succès profitable, en définitive, au pays et à la France, et, comme vous le dites, sans bourse délier et sans embarras pour le Gouvernement.

On vous reproche aussi généralement d'attacher trop d'importance à la population Arabe et de vous être occupé, dans votre ouvrage, plus de l'injustice et de la faute politique qu'il y aurait à exproprier les indigènes sans indemnité, que de l'iniquité de spolier des colons français sous le prétexte de vérification des titres et par l'établissement d'un impôt sur des terres incultes que jusqu'à présent il a été matériellement impossible de cultiver, impôt tellement onéreux et disproportionné qu'il n'est réellement qu'une confiscation déguisée.

Ce n'est pas moi, toutefois, Monsieur le Maréchal, qui trouverais à reprendre à votre humanité pour ceux que vous avez vaincu, et, qui vous blamerais d'inscrire sur vos étendards, qui ont jeté tant d'effroi, cette devise d'un peuple conquérant et colonisateur, *parcere subjectis.*

Sauf ces dissidences qui deviennent chaque jour plus légères et qui, aujourd'hui, ne sont guère que des nuances d'opinion, pouvant se fondre par un examen plus refléchi. Votre écrit est le meilleur plaidoyer contre les prescriptions erronées et arbitraires de l'ordonnance du 1er octobre 1844. Il renferme l'accusation la plus nette des mesures odieuses et tyraniques de l'ordonnance de juillet 1846.

Contrairement à l'opinion que quelques faiseurs de Paris ont voulu accréditer, vous reconnaissez « que c'est une

— 8 —

« grave erreur de croire que l'état est possesseur de tout le
« sol de l'Algérie. Il n'en possède, au contraire, qu'une très
« minime partie qui s'appelle *Terres du Beylik*. Dans les
« provinces d'Alger et d'Oran surtout, les terres sont possé-
« dées avec des titres par les familles. Il y a aussi des biens
« communaux dans chaque tribu.

« Dans la province de Constantine, beaucoup de tribus n'ont
« pas de titres de propriété; mais elles ont la longue jouissance
« qui y équivaut, et il n'est pas plus facile ni plus politique
« de les déposséder que ceux qui ont des titres écrits...

« Quelques soient les précautions que l'on prendra pour
« s'emparer des terres nécessaires à la colonisation, il n'est
« pas douteux que l'on excitera, au plus haut degré, l'irrita-
« tion des Arabes et que la guerre en résultera souvent. »

Voilà, Monsieur le Maréchal, ce que vous écriviez il y a
à peine quelques mois. J'ai besoin, pour la défense de notre
cause, de vous rappeler ici ce que vous nous disiez à la même
époque, devant trop de personnes, pour qu'il y ait indiscrétion
à le redire : vous disiez que les Arabes, en repoussant les armes à la main, ceux qui iraient s'emparer de leurs propriétés,
ne feraient qu'user d'un droit naturel, appplicable en tout lieu
et en tout temps, et, que si on venait s'emparer de vos terres
d'Excideuil vous courriez aussitôt à vos armes pour repousser
les agresseurs.

Telles étaient, Monsieur le Maréchal, les justes pensées que
vous inspiraient les funestes dispositions de l'ordonnance du
1er octobre 1844, et certes vous ne les cachiez pas au gouvernement du Roi.

Vous, la magistrature, la direction des affaires civiles, vous
avez eu une lutte à soutenir contre quelques obscurs employés
de la direction du ministère de la guerre, et vous avez succombé.

L'ordonnance du 21 juillet dernier a paru, et ces messieurs
y ont donné un libre essor à leurs théories.

Pendant quinze ans j'ai gémi de l'indifférence, de l'hostilité de nos gouvernants contre la colonisation agricole, à laquelle je me suis dévoué avec un zèle poussé jusqu'au fanatisme. Je ne dois plus me plaindre aujourd'hui. L'ordre en est donné; dans six mois, il faut que tout l'arrondissement d'Alger, que plus de la moitié de la Mitidja, que la partie du Sahel, restée inculte, qu'un territoire d'environ deux cent mille hectares soit couvert de maisons et de cultivateurs européens. Une famille habitant une maison d'une valeur au moins de cinq mille francs va être placée sur chaque vingt hectares de terrain, toutes les terres seront défrichées; un délai de cinq années sera, il est vrai, accordé pour compléter ce travail; mais les familles seront placées et les maisons construites dans les six mois. Cette dépense totale évaluée à 800 fr. par hectare sera de cent soixante millions, dont la moitié (quatre-vingt millions) sera nécessairement employée dans les six mois. En évaluant les familles à quatre personnes chaque, c'est cinquante mille colons cultivateurs qui vont nous arriver dans les six mois. Mais, comme pour construire les treize mille cinq cents maisons ou fermes nécessaires et commandées pour loger les nouveaux colons, il faudra bien employer au moins, par maison, quatre ouvriers tels que maçons, charpentiers, menuisiers, chauffourniers, tailleurs de pierres, serruriers, c'est encore cinquante mille ouvriers d'art qui vont immédiatement débarquer à Alger pour cette grande œuvre.

« Nous avons entendu dire souvent à des hommes éclairés « d'ailleurs, qu'il fallait jeter sur la terre africaine des flots, « des torrens de population.

« C'est que ces hommes n'avaient jamais mis la main à « l'agriculture, et qu'ils ignoraient complètement les tra- « vaux, les tribulations de la vie des champs. Ils s'étonnaient « de ce qu'en dix-huit mois nous n'eussions institué qu'une « vingtaine de villages. Ils s'attendaient à les voir sortir de

« terre par centaines comme des champignons après une pluie
« chaude d'automne.

« Le dernier fermier de France aurait mieux jugé la ques-
« tion que ces hommes du monde.

« Il n'y a rien de plus difficile que de fonder la prospérité
« d'une société agricole sur une terre, même bonne de sa
« nature, quand il faut tout créer. Que de siècles il a fallu
« pour que les villages de France arrivassent au point où nous
« les voyons! Il y a encore en France, dit-on, cinq millions
« d'hectares en friche. Il y en a bien un plus grand nombre
« de très-mal cultivés; et cependant, on avait la prétention
« de voir défricher en Afrique des espaces immenses en un
« tour de main....

« La colonisation est une chose lente par essence, parce
« qu'elle se fonde sur la prospérité agricole, et qu'il faut des
« travaux assidus, persévérants pendant bon nombre d'an-
« nées, pour qu'une famille de cultivateurs puisse trouver un
« peu d'aisance sur la terre qu'elle cultive, surtout quand
« elle est obligée d'employer la première année et tout son
« petit pécule pour construire une maison et quelques bâti-
« ments d'exploitation. »

Voilà ce que vous avez dit dans votre dernier écrit, et voilà,
certes, ce que j'avais pensé jusqu'à ce jour. Permettez à un
homme qui a consumé sa jeunesse et presque son âge mûr dans
cette tâche laborieuse et qui, après avoir employé un million
de capitaux, n'a pu parvenir à placer en Algérie plus de
cent familles de cultivateurs, permettez-lui d'émettre son
opinion.

Messieurs du département de la guerre ne sont pas arrêtés
par ces difficultés. Leurs moyens de coloniser tout le pays sont
simples. Ce vieux droit de propriété sur lequel repose l'existence de toutes les sociétés est un embarras; il faut le détruire.
Une capitulation qui lie le vainqueur, le droit des gens qui

défend de dépouiller les vaincus qui se sont soumis , les lois civiles qui reposent sur les principes de la non rétroactivité ; ce sont pour ces messieurs des préjugés. On peut encore en tenir compte en France, où il y aurait danger à faire autrement, mais en Algérie, dans un pays nouveau, à quoi bon ces vieilles maximes? Il n'y a qu'à s'emparer de toutes les terres et à les donner ensuite à qui bon semblera. Ainsi, ces messieurs se feront des amis; ainsi, ils auront une large curée à offrir aux solliciteurs. Quant aux Arabes, aux Maures, que leur importe ? quant aux anciens colons que leur importe aussi? Nos cris ne se feront pas entendre par delà les mers; et d'ailleurs la question a été si bien embrouillée, les calomnies ont été si habilement répandues, la raison d'état si artificieusement invoquée, les théories radicales si bien ménagées , que personne ne fera attention à nos plaintes. Le communisme lui-même applaudira.

Voilà donc le système parfait de colonisation trouvé. C'est la spoliation et le vol.

Mais, comme il n'aurait pas été prudent de le proclamer, que le général directeur de la division d'Alger n'aurait pas laissé passer, que le ministre n'aurait pas adopté , que le roi aurait repoussé; la spoliation et le vol ont été masqués. Avant de déposséder, on demande la production des titres, mais avec des conditions qui n'existent dans aucun. On confirme les droits des propriétaires cultivateurs, mais sous l'obligation de justifier de travaux qu'aucun n'a pu faire et ne pourra faire; et, de crainte que quelqu'un n'échappe au coup de filet, on confisque le reste des biens ruraux par un habile retour de razia assez mal déguisé sous le nom d'impôt, impôt annuel équivalant à la moitié de la valeur de la terre imposée et improductive !

Ce n'est pas avec vous, monsieur le Maréchal, que j'entrerai dans des détails pour démontrer que l'ordonnance du 1ᵉʳ juillet dernier, n'a pas d'autre but. Ruiner le pays, le démoraliser, confondre tous les principes, exciter en France et ici toutes les mauvaises passions, créer une inimitié éternelle entre les légitimes propriétaires européens évincés, et les possesseurs de leurs dépouilles, perpétuer la juste haine des indigènes, et mériter le mépris des étrangers, telles en seront les conséquences. Quant à la culture, ce serait une trop amère dérision que de paraître y croire aujourd'hui.

Voilà donc la tactique des habiles de la direction d'Alger au département de la guerre, de nos souverains maîtres ; voilà les vues profondes de ces hauts colonisateurs.

J'ai plus d'une fois été malheureusement à même de constater dans ce pays que lorsque le pouvoir discrétionnaire est abandonné à des fonctionnaires civils, ils se jetaient dans des écarts bien plus grands que ne le feraient des hommes d'épée. Sortis des règles tracées par les lois qui, jusqu'alors avaient été leur appui, ils sont comme des enfants longtemps retenus par des lisières et qui parviennent à s'échapper.

Les militaires, au contraire, ont une habitude du commandement et un certain exercice du pouvoir absolu qui leur ont appris que bien que ce pouvoir paraisse sans limites, il n'est pas sans règles. Peut-être aussi, sont-ils plus disposés à être modérés dans l'exercice de l'autorité civile par la crainte de se tromper. Leur ignorance est bien préférable à l'outrecuidance des despotes à chapeau rond. Dieu nous garde des uns et des autres.

J'ai encore trop vu que l'arbitraire, exercé de loin est cent fois pire que lorsqu'il est confié à un chef qui assiste à l'exécution des mesures qu'il prescrit. Combien de fois, vous même, monsieur le Maréchal, n'avez-vous pas suspendu l'exécution de plusieurs arrêtés rendus dans un but de haute utilité publique ; mais qui blessaient vivement d'autres intérêts ?

Un journal, connu par l'inimitié qu'il vous portait et par ses connivences avec les bureaux du ministère de la guerre, trouvait admirable l'harmonie constitutionnelle de l'administration Algérienne. Il comparait l'habile et savante correspondance de la direction de Paris et de celle d'Alger, à un clavier dont les touches étaient au département de la guerre et les marteaux en Algérie. Si le rédacteur, homme célèbre par ses utopies et par ses talents, avait poussé plus loin la comparaison, il aurait dit que nous, infortunés colons, nous étions les cordes, et que ceux qui frappaient les touches et brisaient les cordes, n'entendaient pas les sons. Que de cris, d'amères railleries, de plaintes douloureuses n'eussent-ils pas entendus s'ils avaient été en Afrique, surtout si d'abord on ne s'était pas assuré que ces cordes seraient muettes. Vous, monsieur le Maréchal, qui étiez le principal marteau, vous cherchiez parfois à adoucir et à dévier les coups ; alors vous étiez signalé comme un désobéissant et un rebelle.

Un chef présent, s'appela-t-il pacha, gouverneur militaire ou civil, ou vice-roi, est sans cesse averti du bon ou du mauvais résultat de ses firmans, de ses ordres, de ses arrêtés, et, à moins qu'il ne soit un monstre aimant à faire le mal pour le mal, il adoucit, modifie, rectifie. Il est arrêté par quelque loi fondamentale, par les usages, les coutumes, par le sentiment naturel à tous les hommes de la justice et de la pitié ; mais un utopiste éloigné, qui tient dans ses mains la souveraineté et l'exerce jusque dans les moindres détails, si surtout c'est un agent de bas étage, n'ayant aucune responsabilité personnelle, est sans contredit le plus grand fléau de l'humanité. C'est la tyrannie sans yeux, sans oreilles, sans cœur et sans remords.

Les derniers actes du département de la Guerre m'ont fait ouvrir les yeux sur l'immense avantage qu'ont sur nous les rayas du Grand Seigneur. Ils sont gouvernés directement par des pachas et non par les bureaux de la Sublime-Porte.

Peut-être, Monsieur le Maréchal, comprenez-vous mieux aujourd'hui pourquoi nous réclamons si vivement des institutions pour l'Algérie, sa réunion à la France, le règne du droit commun.

Celui qui exerce le pouvoir est quelquefois gêné dans son action par les prescriptions des lois ; il lui semble souvent que les circonstances exigent qu'il déroge aux principes, et, certes, s'il était exempt d'erreur et de passion, la souveraineté la plus absolue serait le meilleur de tous les gouvernements ; mais, en attendant qu'il se rencontre un tel homme, admettons que les lois sont bonnes dans tous les pays, même en Algérie, et reconnaissons que cet adage n'est pas encore hors de pratique : le salut est dans les lois.

Ah ! croyez-le, Monsieur le Maréchal, il vous serait facile et doux de gouverner ici, de continuer votre œuvre de pacification, de favoriser la colonisation avec l'établissement progressif des institutions civiles et même des libertés de la France ; mais pourrez-vous revenir, si le despotisme ignorant des bureaux du ministère de la guerre se maintient et vous soumet à ses stupides volontés ? Viendrez-vous, comme l'exécuteur de ses hautes œuvres, présider à notre ruine ? Pourrez-vous voir d'un cœur froid les colons désolés, les commerçants en faillite, les indigènes silencieux et mourant de misère prendre à témoin le Dieu qui entend toutes les plaintes et punit tous les crimes, de la foi violée, de la justice méprisée, de l'humanité blessée ?

Le grand nom que vous avez conquis à Isly et que vous avez soutenu si glorieusement dans ces dernières campagnes ne recevrait-il pas quelque atteinte, si, sous votre gouvernement, et en votre présence, des mesures aussi fausses et aussi iniques recevaient leur exécution ? Plus que tout autre n'êtes-vous pas intéressé à ce que l'Algérie ne périsse pas victime de ces monstrueuses conceptions ?

Vous vous êtes montré en toute circonstance le fidèle serviteur du Roi. Vous avez poussé votre dévouement à son gouvernement jusqu'à taire bien souvent, en public, votre conviction personnelle, et à voiler bien des fautes qui vous avaient blessé au vif. C'est au nom surtout de cette fidélité que tous les habitants de cette contrée vous adjurent par ma bouche. Oui, Monsieur le Maréchal, employez tous vos efforts pour empêcher que la honte de ces funestes ordonnances ne ternisse plus longtemps le seing du Roi et l'honneur de la France, et si vous ne pouvez l'obtenir, laissez à d'autres le soin de démentir ce que vous avez promis, de perdre ce que vous avez sauvé, de détruire ce que vous avez fondé. Duc d'Isly, pacificateur de l'Afrique, ne revenez ici que comme le plus fidèle serviteur du Roi ; mais, si le ministre persiste dans les mesures coupables que ses bureaux lui ont surprises, laissez-le se pourvoir ailleurs d'un bourreau.

J'ai l'honneur d'être avec respect,

Monsieur le Maréchal,

Votre très-humble et très-obéissant serviteur,

Baron De Vialar.